Yf 10.122

ANDRISCUS,

TRAGÉDIE.

ANDRISCUS,

TRAGÉDIE,

En Vers, & en cinq Actes,

Dédiée à Messieurs les COMÉDIENS FRANÇOIS ordinaires du Roi.

Par M. M****.

Prix 30 sols.

AMSTERDAM,

Et se trouve, à PARIS,

Chez { DUCHESNE, rue S. Jacques, au Temple du Goût.
PANCKOUCKE, rue & à côté de la Comédie Françoise.

A LILLE.

Chez JACQUEZ, sur la petite Place.

M. DCC. LXIV.

A MESSIEURS
LES
COMÉDIENS FRANÇOIS
ORDINAIRES DU ROI.

Messieurs,

Comme il est plus aisé de vous dédier des Piéces, que de vous les faire jouer, ne vous effarouchez point de l'hommage que je vous fais d'*Andriscus*.

Je manque peut-être à une régle de bienséance, qui seroit d'obtenir votre agrément ; mais, je vous ai demandé tant de choses raisonnables, auxquelles vous n'avez pas daigné répondre, que je me suis cru difpenfé de vous demander celle-ci.

Ce n'eſt point à l'appui de vos ſuffrages, que j'oſe paroître au grand jour, puiſqu'après mes corrections faites, je n'ai pû parvenir à une ſeconde lecture; mais à la faveur de vos refus même, qui n'excluent pas toujours le talent; & ſi par une influence ſecrete, le jugement du Public ſe rencontroit avec le vôtre, j'aurai à l'avenir un reſpect inviolable pour vos arrêts, mais, je ferai en forte qu'ils ne me regardent pas.

Vos beaux talens, il eſt vrai, ajoutent beaucoup au mérite d'un Drâme, qui ſemble n'être fait que pour la repréſentation; on remarque même, que vous trouvez les Piéces mauvaiſes, à meſure qu'elles réuſſiſſent, pour vous attribuer la gloire de leur ſuccès; mais après tout, qu'eſt-ce qu'une Piéce, où on ne retrouve d'Auteur à l'impreſſion, que le Comédien qui l'a fait valoir &

pour laquelle tous les Cabinets sont fermés ? quelle idée aurions-nous de Sophocle & d'Euripide, si nous sçavions seulement par tradition, qu'on a joué de leurs Tragédies sur le Théâtre d'Athènes, que la Grece a admirées ? Ce trait d'Histoire nous donneroit-il pour eux, cette vénération qu'*Œdipe* & *Iphigénie* nous inspirent ? & les croirions-nous de grands hommes, si nous n'avions lû leurs Ouvrages ?

Ce n'est point, Messieurs, que j'ose me comparer à des Poëtes de ce rang, ni même au moindre de vos protégés ; vous sçavez mieux que moi ce que je vaux, ou plûtôt, ce que je ne vaux pas ; mais comme j'ai à me plaindre d'un Scrutin, qui ne sçait que dire, *oui, non & peut-être,* souffrez que j'en appelle à des Juges, qui motivant leurs refus, m'instruisent & ne m'humilient pas.

Mais me répondrez-vous ? nous n'avons plus de Scrutin : à la bonne heure ; puisque c'étoit un abus, le jugement de ma Piéce a donc été hazardé ? & pour peu que vous conveniez d'avoir pû être injustes, comment voulez-vous que je ne crie point à l'injustice de toutes mes forces ?

Il y auroit bien autre chose à supprimer chez vous, que des Scrutins, Messieurs, si vous nous permettiez de vous scruter à notre tour : on voudroit préliminairement, que vous prissiez la peine de répondre à d'honnêtes gens qui vous écrivent, & que vous n'eussiez point d'Antichambre pour eux ; que vous ne fussiez point de plus difficile accès qu'un Ministre, ni plus graves que des Sénateurs, quand vous êtes assemblés : vous avez quelquefois à juger des malheureux, mais jamais de coupables : on souhaiteroit donc, que d'honnêtes procédés de votre part, adoucissent leur infortune ; car avec vos talens, on voudroit vous aimer.

Sans parler ici de préjugés injustes ou légitimes établis contre vous, ce n'est point avoir des droits à l'estime Publique, que d'être méprisans : qu'un Auteur soit assez malheureux pour mêler ses intérêts avec les vôtres, est-ce un titre pour lui faire essuyer toutes sortes de tracasseries, & le regarder comme un homme à gages ? je ne sçais trop quel rang vous nous donnez, & quelle est votre façon de nous apprécier ; mais vous devriez, ce me semble, en user à notre égard avec plus d'économie, & regarder nos talens venus & à venir, comme votre patrimoine.

Deux heures d'ennui que vous procure de tems en tems une lecture, sont-elles à comparer aux travaux pénibles de nos compositions, aux dégoûts & aux sécheresses que nous y éprouvons ? le sacrifice que nous vous faisons de nos veilles, & souvent de notre honneur, ne sçauroit être l'objet d'un examen léger, ni d'un jugement fur étiquette, & le moyen de fertilifer nos plumes, ce n'eft point de nourrir dans notre fein, le ver rongeur de l'incertitude.

Oui, Meſſieurs, & ceci ne me regarde pas; pour cinq ou fix fujets que vous protégez ouvertement, vous en rebutez vingt, dont quelques-uns peut-être, ne déplairoient pas au Public : car en fait de talens, la faine & profonde connoiſſance, eft moins de juger ce qu'eft un Auteur, que ce qu'il pourra devenir : pour avoir de grands défauts, on n'eft point toujours inepte, & pour être médiocrement bon, il n'eft point décidé qu'on devienne meilleur : cependant, n'attendez pas plus de moi, que d'autres, ni élévation, ni la touche de l'indépendance, tant que vous nous affujétirés à une cour baſſe & rampante, & à une docilité de tous les tons; un efclave ne fçauroit faire parler convenablement, des héros, ou des hommes libres.

Il faudra que vous nous fuppofiez déformais, plus de courage que de génie, pour entrer dans une carriere dont les avenues font fi épineufes, & où la difficulté de fe produire, devient prefque infurmontable : Eh quoi, Meffieurs, nous ferons deux ans après une Tragédie, nous en attendrons deux pour être lûs ; un an fe paffera en corrections, & l'année fuivante, il n'eft point plus fûr que nous ferons joués, qu'applaudis ? Y a t-il vertu, paffion ou philofophie qui tienne à cela ? vous n'aimez point les jeunes gens ? il faudroit s'y prendre de bonne heure, pour l'être encore après de fi longues épreuves : les vieillards vous révoltent ? vous nous donnez cependant, tout le tems de vieillir.

Ce n'eft gueres mieux lorfque vous abrégez la befogne, & qu'en hommes lettrés, vous jugez à votre petit couvert ; c'eft donc le Semainier qui fe charge de notre ouvrage, & qui felon le dégré de curiofité ou de pareffe qui l'affecte, l'examine lui-même, ou s'en fait rendre compte par un bel efprit juré, fon confeil & fon ami : fuivant ce qu'il a cru voir par fes propres béficles, ou à travers fon intelligence d'emprunt, la Piéce eft admife à être lue, ou remife à l'Auteur ; il n'eft pas bien décidé quand on la lui rend, qu'elle ait été examinée à fonds, du moins eft-il conftant, qu'on l'a gardée trois mois, & qu'en fi peu de tems, c'en eft affez de l'avoir parcourue, & de fçavoir à qui la remettre.

La République de Platon, n'eût été qu'une efquiffe informe, auprès de la vôtre, pour l'ordre & la belle économie : j'avois bien oui parler du partage des terres que faifoient les Romains, pour rendre les conditions égales, ce qui fe pratique encore dans les établiffemens d'Outremer; mais je ne fçavois pas que ce partage pût avoir lieu parmi vous, quant à l'esprit & au jugement; que vous eussiez chacun votre semaine, pour en avoir une portion suffisante, & qu'enfin, vous répartissiez entre vous, l'entendement humain, avec autant de bonne foi, que vos recettes.

Cependant, Messieurs, je ne vois pas qu'on doive avoir une confiance aveugle & constante, en des lumieres que vous ne communiquez à personne, & qui vous éclairent si mal : (*) nous sommes faits par état, pour défendre nos ouvrages; mais le moyen de rompre nos lances, c'est de n'y rien opposer; on se mesureroit volontiers avec des So-

_____

(*) Le répertoire des Comédiens contient plusieurs Piéces, qu'ils n'ont jouées qu'en rechignant & par force, & qui leur ont fait l'affront de réussir; on en citeroit plus encore, qu'ils ont reçues par acclamation, qu'ils vantoient comme des chefs-d'œuvres, & qui n'ont eû qu'un soufle.

·phistes, mais on ne tient point contre le silence (*).

Passons aux lectures : si vous n'y venez achever votre nuit, la cabale & le préjugé vous y tiennent les yeux ouverts ; ce ne seroit rien que de dormir, on dormoit bien à l'aréopage, & en dormant, on peut faire de bons rêves : mais comme l'amour propre & l'intérêt particulier sont l'ame de toutes les actions des hommes, & qu'en cela, vous ne dérogez point à l'humanité ; il se trouve qu'un Auteur n'a rien fait pour lui, s'il n'a tout fait pour vous : l'habitude où vous êtes de n'avoir des yeux que

---

(*) Il est tout naturel à un Auteur qui se voit refusé, d'interroger ses Juges & de leur demander les raisons, pour lesquelles, &c. Les Juges discrets & compatissans, lui tournent le dos, mais le Semainier qui fait les honneurs de l'assemblée, lui répond au nom de la *Société*, & avec une gravité surprenante, *Monsieur, voilà le Scrutin*. Ne voilà-t-il pas un homme bien instruit, & en état de faire une Piéce au goût des Comédiens ?

pour ce qui vous regarde, fait que vous jugez mal d'un tout, quand votre partie eſt foible, & ſi par un événement ſingulier, au lieu d'un bon rôle en homme ou en femme, il s'en trouvoit deux dans une Piéce, ce ſeroit pis cent fois, que s'il n'y en avoit point du tout. Que dis-je ? mille raiſons particulieres que je ne ferai qu'effleurer, vous entraînent inſenſiblement, dans une injuſtice d'habitude qu'il ſeroit glorieux de réprimer : par exemple, c'eſt une créature que vous favoriſez, à laquelle vous ſacrifiez un inconnu ; c'eſt un ouvrage, où vous avez part que vous voulez avancer ; c'en eſt un autre que vous voulez reculer, parce que l'Auteur ou l'Intéreſſé, n'eſt pas de vos amis ; c'eſt à la recommendation d'un Créancier, d'une Maîtreſſe, d'un Grand Seigneur, que vous proſtituez votre jugement ; ſouvent, c'eſt du bonnet que vous opinez, d'après le ſentiment d'autrui que vous fentez, & dans des yeux indifcrets, que vous prenez vos décifions; c'eft plus fouvent encore à fon bien être, à fon pays, à fa façon de lire, à fes démarches, & à fes importunités, qu'un Auteur eft redevable de vos fuffrages : delà tant d'adoptions qui vous dégradent, & de chûtes qui vous ruinent : delà le dégoût, la défiance, les reproches réciproques & la confufion dans vos affaires; en un mot, c'eft la feuille d'*Amycus* (*) que vous

---

(*) C'eft le nom d'un Laurier qui croiffoit fur le tombeau d'*Amycus*, Roi des Bebriciens; fa vertu étoit finguliére, une de fes feuilles fuffifoit pour mettre la difcorde par-tout; il étoit fi dur, & en même tems fi fertile, que les hyvers ne pouvoient rien fur lui, & que fes rejettons fe font multipliés à l'infini : on le diftingue fi peu du Laurier confacré à Apollon, qu'on s'en fait également des couronnes & qu'il n'eft point de comité, où il ne s'en trouve : on prétend même, que la Bouquetiere de la Comédie en a de la bonne efpèce, & qu'elle en fourre de tems en tems dans fes Bouquets.

portez à la boutonniere; ici, c'eſt un Auteur piqué qui ſe répand en épigrames; là, c'en eſt un de ſang froid, qui vous fait une épitre.

Voilà ce dont on ſe plaint, Meſſieurs, & votre Serviteur bien moins haut que tout autre, quoiqu'il le publie: *Andriſcus* n'eſt point un préſomptueux, ſoyez en ſûrs; mais rebuté, mais bani, il veut courrir la Province & ſe diſſiper: c'eſt un garnement qui part pour la Cayenne & qui peut-être fera naufrage; du moins a-t-il le courage de s'embarquer; bien ou mal, c'eſt toujours une vertu de s'occuper: qui ſçait ſi je n'ai point à rendre compte à un certain Public, de mon tems & de mes actions? Que riſque-t-on de s'eſſayer & de tenter fortune? de devenir le pendant d'Icare, ou de Phaéton? d'eſſuyer nombre de critiques, & de mauvaiſes plaiſanteries? Eh bien! je ferai comme vous, Meſſieurs, je me tairai: quel eſt l'homme à l'abri de ces orages, s'il veut prouver son exiſtence? D'ailleurs, il n'eſt point plus deshonorant de faire de mauvaiſes Piéces, que d'en jouer de bonnes, de travers.

D'accord, vous pouvez nous fermer les avenues du Théâtre; vous êtes les Diſpenſateurs de cette Renommée brillante, après laquelle, rien n'eſt à deſirer; mais vous ne nous forcerez point à garder le Cabinet & encore moins à nous taire, quand nous nous croirons outragés; & juſqu'ici, rien ne me révolte, rien ne me déſeſpére, comme de voir que nos talens ſoient ſubordonnés aux vôtres; pourquoi? c'eſt que renfermé dans des bornes, où la cupidité ne ſçauroit pénétrer, je ne ſuis ni aſſez pauvre pour mettre mes vers à l'ençan, ni aſſez riche pour achetter des ſuffrages; c'eſt qu'attachant moins d'importance à ce que je fais, que vous n'en mettez peut-être à copier vos rôles, je ne vois pas qu'un peu de fumée, nous dédommage des affronts qui la précédent, & qu'amoureux de cette gloire qu'on ne partage avec personne, j'aime mieux faire dix corrections, que vingt visites.

Et quel moyen me direz-vous, d'apporter du remede à des abus aussi multipliés que les Piéces, & aussi anciens que le Théâtre ? j'en sçais un qui ne commettroit ni vos lumieres, ni notre amour propre : ce seroit de nous obliger à faire imprimer nos Piéces, & à les soumettre au jugement du Public : vous les jouriez pour lors, d'après la sensation qu'elles auroient faite en général ; alors plus de chûtes, ni d'études perdues, les succès n'en seroient pas moins brillans, solides & nombreux, parce que ce Public que vous entretenez depuis quelque tems, dans sa mauvaise humeur, ne viendroit sûrement point se siffler lui-même : les malheureux seroient ceux qui ne se feroient point lire, du moins, tomberoient-ils incognito, & on ne demanderoit point l'Auteur, pour s'en mocquer.

Eh bien, faites vous imprimer, m'allez-vous dire, inondez Paris de brochures, & faites de bonnes Piéces ſi vous pouvez : vous verrez ſi vos lecteurs auront pour vous la complaiſance qu'ils nous doivent, & qu'ils nous prodiguent ; vous verrez ſi l'optique du Théâtre, l'ornement de la Scène & la Magie de nos organes, ne prétent que peu de luſtre à vos drâmes ; car ſans nos habits & notre maniere de dire, que deviendriez-vous avec tout votre eſprit ? des corps ſans ames ? & des aiglons ſans aîles ? ſupputez & rendez nous juſtice, & vous verrez qu'il n'eſt point juſqu'au moucheur, à qui vous n'êtes redevables d'un peu de fumée.

C'eſt-à-dire, Meſſieurs, que vous voudriez mener Thalie & Melpomène par la liziere ? & que vous êtes convenus de dire, que fans le fecours de vos talens, nous ne ferions que penfer en pure perte ? rien de plus aifé pour des gens qui fçavent lire, que de fe procurer ces acceffoires : qui n'eft point Dumefnil & Clairon, pour fe rendre compte d'un trait de fentiment & d'une penfée délicate ? qui n'eft point Servandoni, pour fe mettre devant les yeux un Temple, un Palais, un tombeau ? & qui n'eft pas Edile, & Magafinier tout enfemble, pour fuppléer à ce que la Scène manque d'éclat, & imaginer un cofthume brillant ? J'entens dire tous les jours, *cette Piéce doit perdre à la lecture*; on diroit également, *celle-ci gagnera à la repréfentation.*

Un intérêt plus puiffant, la fureur de juger, vous retient fans doute à vos anciens ufages : & comptez vous pour rien les ennemis que vous vous faites ? les démentis que le Public vous donne ? le tems que vous perdez en lectures &

en délibérations ? que ne vous déchargez vous de ce soin en faveur du Public votre Juge, pour avoir le plaisir de le juger à votre tour ? vous en seriez à la vérité moins absolus, mais plus libres; moins caressés, mais au fonds plus aimés; vous auriez moins de cour, & plus de chambrées.

Il vous sied bien, me dira-t-on, de faire ici le Législateur d'un pays où vous n'avez pas seulement le droit de bourgeoisie : si mon projet est bon, qu'importe d'où il vient ? un étranger du Pinde, vaut bien un mauvais Citoyen; & vous-mêmes, Messieurs, qui en usurpez les clefs, pour m'en fermer la porte ; répondriez-vous sur vos parts, de tous ceux que vous y présentez ? d'ailleurs, c'est d'après ces beaux sentimens de justice & d'humanité, que vous étalez si bien sur la Scène, & dont vous faites pour le compte de nos Maîtres, des leçons aux hommes & aux Rois, que j'éléve ici la voix pour les malheureux que vous perfécutez ; c'eſt enfin la cauſe commune que je plaide, elle eſt ſans doute en de mauvaiſes mains, ſi on me ſoupçonne de la moindre humeur.

Cependant il faut être juſte, & dire le bien comme le mal; vous avez accompagné les refus qui me regardent, des reproches les plus honnêtes qu'on puiſſe faire; le trait qui m'a percé, & la main qui l'a décoché, étoient ornés de fleurs; mais j'ai ſçû depuis que c'étoit le même trait, la même main qui bleſſoit & panſoit tout le monde; vous m'avez dit pour me conſoler ou plûtôt pour m'enfler d'orgueil, que je ſentois Corneille à pleine gorge, que mes tournures & mes caracteres reſſembloient trop à ceux de ce grand'homme, qui malheureuſement n'étoit plus de mode; qu'à la vérité, j'avois çà & là des vers, des ſituations, des ſcènes, & qu'avec le tems.... un moment, Meſſieurs;

en attendant que je me corrige, je vous exhorte à croire que Corneille n'a jamais rien gâté, que la réputation de certains Comédiens qui ne l'entendent pas ; que tel a pû nouer quelques Scènes passables à son sujet, qui peut en corriger de mauvaises, qu'avec le tems on vieillit, & qu'avec des secours & de l'émulation, on sçait le mettre à profit.

Non, Messieurs, ne croyez rien de tout cela : il est maintenant de votre honneur de soutenir que je serai toujours tel, que vous m'avez jugé, au premier coup d'œil ; je me suis vû l'objet de vos inconséquences, je dois l'être à présent de vos ressentimens ; & rien ne m'étonneroit, que vous m'en voulussiez toute la vie, de vous avoir dit des vérités, qu'on exagere par-tout, & sur un autre ton : pardon, Messieurs si je sors du style de l'Epître, mais quels moyens de vous louer autrement ? s'il en est, que ne sont-ils à ma portée ?

Vous

Vous aviez ci-devant un avantage sur nous, qui faisoit que nos armes n'étoient pas égales ; c'est que moyennant une féve noire à la main, vous nous prouviez clair comme le jour, que nous n'avions pas le sens commun, sans pouvoir répliquer : ce tems n'est plus ; un billet anonyme où vous déduisez vos raisons de refus & de réception, a remplacé la féve ; je ne sais trop, si nous gagnons à ce marché-là ; mais on assure qu'avec deux billets chacun, vous pouvez vous tirer d'affaire jusqu'à nouvel ordre, parce que les Piéces ont toutes les mêmes défauts, & les mêmes beautés ; on ajoute, qu'il seroit aussi prudent, que commode, d'en avoir de tout moulés, afin qu'on ne reconnût pas les écritures : on vous trouve en cela, singuliérement corrigés ; autrefois, vous ne disiez ~~point~~ le mot ; actuellement, vous dites des choses dures, & désobligeantes.

Je ne veux point tomber dans les défauts que je vous reproche, & j'en reste là. Pour peu que ma piéce vienne à l'appui de mon épître, & que j'établisse dans l'esprit de tout homme impartial, que vous en avez joué de plus mauvaises; j'ai rempli mon sujet, & mon cœur est content. Cependant, comme il est des tems de révolutions, où les choses les plus éloignées se rapprochent, où les cœurs les plus aigris s'adoucissent; où le commerce des nations se rétablit, où enfin les affronts se pardonnent, & les hommes se corrigent; je ne désespére point de dire quelque jour autant de bien de vous, que vous direz de mal, pendant vingt-quatre heures, de mon épitre, de ma piéce, & de tous ceux qui les liront. Il seroit singulier, Messieurs, que se rendant médiateur de nos querelles, le public vous obligeât, vous, d'apprendre mes vers, moi, d'oublier vos torts. Je ne sais qui de nous, feroit le plus d'efforts : ce feroit sans doute le moins généreux. Que dis-je?....... Vous ne me joueriez que de reste, si c'étoit vous venger.

Vous devez sçavoir avec combien d'estime & de considération, j'ai l'honneur d'être,

Messieurs,

Votre très-humble & très-
obéissant serviteur,
M****.

ACTEURS,

ANDRISCUS, Roi de Macédoine.

JUVENTIUS, Préteur Romain, Prisonnier d'Andriscus.

ÉRISBÉ, Fille de Juventius.

MÉTELLUS, jeune Préteur, Commandant l'Armée Romaine.

TISOCRATE, confident d'Andriscus.

CÉPHIS, suivante d'Erisbé.

Gardes, Soldats Grecs & Romains.

La Scène est à Pydna, dans un Sallon détaché du Palais.

www.ingramcontent.com/pod-product-compliance
Lightning Source LLC
Chambersburg PA
CBHW060610050426
42451CB00011B/2173